Les Beautés de
L'IRLANDE

Edité en Irlande par
Gill & Macmillan Ltd
Goldenbridge
Dublin 8
avec la participation des compagnies associées dans le
monde entier
CLB 4653
© 1996 CLB Publishing, Godalming, Surrey, Angleterre
ISBN 0 7171 2378 2
Imprimé et relié en Singapour

Les Beautés de
L'IRLANDE

Gill & Macmillan

Pendant des millénaires, l'Irlande a été aux confins du monde connu. L'île occupe l'extrémité ouest du vaste bloc continental eurasien. A l'ouest, rien que l'Océan Atlantique. A l'est, se trouve une autre île, la Grande-Bretagne, puis, au-delà, les immenses plaines d'Europe du Nord s'étendent jusqu'aux montagnes de l'Oural. Par-delà l'Oural, la Sibérie suit la courbe du globe jusqu'au détroit de Béring, rejoignant presque l'Alaska. C'est pourquoi, pendant la plupart de l'histoire humaine, l'Irlande est restée à l'extrême limite du monde connu.

Les Romains, qui allèrent presque partout, ne se soucièrent jamais de l'Irlande. Car enfin, tout le monde savait que l'Irlande n'était qu'une île à la limite de nulle part. Tout le monde sauf les Irlandais, qui étaient certains qu'il y avait quelque chose, là-bas, au-delà de l'océan. Ils l'ont même prouvé. Il est communément admis que l'Irlandais St. Brendan découvrit l'Amérique mille ans avant les voyages de Christophe Colomb.

Comme St. Brendan, les Irlandais ont toujours été curieux du monde extérieur. Ils n'ont pas toujours émigré de bonne grâce, mais le résultat a toujours été remarquablement positif. Aujourd'hui, rien qu'aux Etat-Unis, quarante millions de personnes sont fières de se réclamer d'ascendance irlandaise et, partout dans le monde, on voit le témoignage de l'intelligence, de l'acharnement au travail et de la détermination du peuple irlandais.

L'Irlande, c'est le peuple irlandais. Mais les Irlandais, à leur tour, sont une magnifique synthèse des paysages et du climat qui constituent cette île d'Irlande. Le pays est un mélange de merveilleuses montagnes, de plaines ondulantes et fertiles et de rivières et de lacs limpides et exempts de toute pollution. Bien que les Irlandais se plaignent souvent du temps, ils ont en réalité la chance de bénéficier de l'un des climats les plus doux au monde. Jamais ici de chaleurs ou de froids extrêmes, et quand le soleil brille, c'est le paradis.

C'est peut-être ce climat tempéré et doux qui donne leur caractère au pays et aux gens. L'Irlande est un pays détendu et facile à vivre, où rien ne porte à la précipitation ou aux excès, et qui est toujours prêt à accueillir un étranger. *Céad mile fáilte* est la formule celte traditionnelle de bienvenue: cent mille vœux de bienvenue. Ainsi en a-t-il toujours été et ainsi en sera-t-il toujours.

Détendez-vous donc et profitez du pays où le temps passe plus lentement et où les gens sont plus gentils et la vie plus douce que nulle part ailleurs. Admirez les paysages splendides et majestueux des comtés du Kerry et de Cork, tout autour de Killarney – le "reflet du paradis". Visitez le Connemara déchiqueté et, plus au nord, les lacs du comté de Mayo et de la contrée des Yeats. Promenez-vous le long de la côte extraordinaire du Donegal ou des lacs du comté d'Antrim, deux des secrets les mieux gardés d'Irlande. Emerveillez-vous des riches vallées fluviales du sud-est et des plaines tranquilles et fertiles de Golden Vale, qui ondulent à travers le nord du Munster, depuis l'est du comté de Tipperary jusqu'aux limites du Kerry lui-même. Bien sûr, vous n'oublierez pas les villes: Dublin, l'une des vraies grandes capitales au monde, ville sophistiquée et pourtant assez petite pour avoir su garder sa dimension humaine; Belfast, belle ville victorienne entourée d'une campagne d'une beauté inoubliable; Cork, la Venise du Sud; Galway, centre culturel et artistique, bordé de sa célèbre baie; Limerick, qui occupe fièrement l'extrémité de l'estuaire de la Shannon – la liste pourrait continuer.

Bienvenue donc en Irlande: *céad mile fáilte*. L'Irlande n'est plus aux confins du monde. Elle est plutôt, étrangement, au centre du monde. Disons qu'elle est au centre de ce monde dans lequel les gens s'efforcent d'avoir une vie bonne et digne, où les valeurs humaines dominent et où personne n'est jamais trop occupé pour vous faire un signe de la main ou vous dire bonjour. Profitez-en bien et, à la fin de votre séjour, vous découvrirez, comme tant de nos visiteurs avant vous, que vous vous sentez soudain un peu seul à l'idée de quitter l'Irlande. Parce que l'Irlande est un peu notre maison à tous, une maison dans la maison du cœur humain.

A gauche: Le paysage vert et luxuriant de Gortin Glen Forest Park, l'endroit idéal pour passer des vacances en camping.

Dominant le paysage spectaculaire de Magilligan Strand et de la côte nord du comté d'Antrim, le Temple de Mussenden (**à gauche**) fait partie des vestiges de Downhill Castle, Co. Derry. **Ci-dessous:** La beauté tourmentée du comté de Derry constitue une toile de fond éblouissante au plus serein des couchers de soleil. **A droite:** Portstewart, calme station balnéaire victorienne, recèle des plages de sable et de superbes paysages de falaises, comme sur cette vue prise au-dessus du 2ème green du club de golf de la ville. Pour ne pas être en reste, le comté d'Antrim voisin affiche une côte tout aussi spectaculaire – le site du 5ème green de Portrush (**ci-dessous à droite**) déconcentrerait même le golfeur le plus convaincu !
Page suivante: à vingt-trois kilomètres au sud-est de Londonderry, s'élèvent les Sperrin Mountains, où se niche la ville de Cranagh et serpente la Glenelly.

La Chaussée des Géants **(ci-dessus à gauche)**, près de
Bushmills, Co. Antrim, est une extraordinaire étendue de
colonnes polygonales formées par le refroidissement de la lave en
fusion. La plus haute – l'Orgue du Géant – s'élève à douze
mètres. Le sentier qui suit la côte **(ci-dessus)** offre des vues
impressionnantes sur le promontoire environnant. **Gauche:** coup
d'oeil sur la luxuriante région agricole du nord du comté
d'Antrim, près de Great Stookan.

La beauté des paysages du comté d'Antrim est aussi spectaculaire dans les terres que sur la côte. **A gauche et ci-dessous:** Glenariff Forest Park, considéré comme le pus beau des neuf lacs d'Antrim, contient de nombreuses cascades. Le pied cultivé des versants est un riche patchwork de verts. Au sud de Glenariff, la côte d'Antrim est découpée par plusieurs baies pittoresques; Carnlough **(à droite)** possède un petit port, tandis que la station balnéaire bien connue de Ballygalley **(ci-dessous à droite)** offre de magnifiques vues au nord sur le paysage tourmenté de la route côtière.

Royal Avenue **(à droite)** et Donegall Place **(à gauche)** sont au cœur du centre ville piétonnier de Belfast. **Ci-dessous:** le City Hall, de style renaissance, est un rappel de l'âge d'or edwardien de la ville. Construit dans Donegall Square, ce bâtiment impressionnant fut dessiné par Sir Brumwell Thomas en 1902.
Ci-dessous à gauche: à quelque 8 kilomètres de la ville, se trouve Stormont, siège du Parlement. Au cœur de 1500 m^2 de jardins, cet ensemble de style palladien anglais constitue le centre administratif de la province.

Co. Down possède la plus haute chaîne de montagnes de l'Ulster. Près de la station balnéaire de Newcastle, les Mourne Mountains **(à droite)**, recouvertes d'une lande rocailleuse et dominées par Slieve Donard, possèdent peu de routes goudronnées et leurs sentiers pédestres défient même le plus intrépide des randonneurs. **Ci-dessus:** les prairies fertiles qui entourent Dundrum Bay forment un contraste parfait avec les montagnes au-delà.

Séparant la superbe baie de Dundalk
(**à droite**) de Carlingford Lough, la
spectaculaire péninsule de Cooley (**ci-
dessous à gauche**) est présente dans
les légendes épiques de l'ancienne
Irlande. **Ci-dessous à droite:** les
ruines spectaculaires de
Monasterboice, célèbres pour leurs
hautes croix, se trouvent à un
kilomètre et demi à l'ouest de la route
principale allant de Drogheda à
Dundalk. Fondé par St. Buithe au 5e
siècle, ce monastère n'est qu'à
quelques kilomètres au nord-est de
l'Abbaye de Mellifont (**à gauche**),
nichée dans une vallée reculée sur les
rives de la Mattock. Avec sa massive
tour d'entrée carrée et son lavabo du
12e siècle, Mellifont fut la première
abbaye cistercienne fondée en Irlande.

Situé sur la rive est de la Shannon, dans le comté d'Offaly, Clonmacnoise **(ci-dessus)** est l'un des sites monastiques les plus importants d'Irlande. On pense que c'est St. Ciaran qui fonda ici son monastère en 548 après J.C. Parmi les trésors encore présents, on peut compter plus de 400 pierres tombales du début de christianisme, certaines remontant au 8e siècle. **Ci-dessus à droite:** Newgrange, dans la vallée de la Boyne, Co. Meath, fait partie du site funéraire de Brugh na Boinne, vieux de 4000 ans. On pense qu'il s'agit du plus ancien édifice construit par l'homme dans le monde entier. **Ci-dessous à droite:** également située dans la vallée de la Boyne, la colline de Slane, où St. Patrick défia le décret royal en allumant le feu de Pâques, est maintenant occupée par les vestiges d'une église du seizième siècle.

Reconstruite en 1929, la General Post Office **(à gauche)**, dans O'Connell Street à Dublin, reste le symbole de l'insurrection de 1916. **Ci-dessous à gauche:** la Bank of Ireland occupe le côté nord de College green. Les plans en furent dessinés par Sir Edward Lovett Pearce au début du 18e siècle, et sa "piazza" ionique est l'un des points de repère du centre ville.
A droite: l'impressionnante Custom House se tient sur les rives de la Liffey. Sa façade nord présente une frise spectaculaire de têtes de boeufs.
Ci-dessous: siège de la Cour suprême et du Tribunal d'instance, les Four Courts, sur Inns Quay, occupent ce site depuis 1796.

Fondé en 1592 par Elizabeth I, Trinity College Dublin a éduqué certains des hommes politiques, poètes, philosophes et scientifiques les plus importants d'Irlande. Trinity College a été très largement reconstruit au 18e siècle et la plupart des bâtiments restants datent d'après 1700. Sa façade ouest **(ci-dessus)**, de style palladien, fut construite entre 1752 et 1759. Le Quadrangle **(ci-dessus à droite)** est dominé par le Campanile, construit par Sir Charles Lanyon en 1853. **A droite:** La Cathédrale St. Patrick, côté sud de St. Patrick's Park, est la plus grande église jamais construite en Irlande et occupe le site de l'église paroissiale bâtie avant l'arrivée des normands. Le grand clocher fut construit par l'Evêque Minot en 1381.

25

A gauche: O'Connell Street – le coeur animé et trépidant de la ville. **A droite:** la statue de Molly Malone, dans Grafton Street. **Ci-dessous:** le centre commercial de St. Stephen's Green. Situé à l'angle nord-ouest du parc, ce bâtiment clair, élégant et spacieux s'intègre bien à la splendeur vénérable de l'architecture géorgienne de Dublin.

Les ruines du château, rasé par les armées de Cromwell en 1650, dominant du haut du redoutable Rock of Dunamase **(à droite)**, contrastent avec la campagne paisible **(ci-dessus)** près de Timahoe, Co. Laois.
A gauche: paysage des Blackstairs Mountains près de Ballymurphy, Co. Carlow.

Ci-dessus: un panorama splendide sur Lough Tay depuis le point de vue de Sally Gap. Bien que moins spectaculaire, la campagne autour de Wicklow, près de la source de l'Inchavore **(à droite)** et du Lough Dan voisin **(en haut à droite)**, n'est pas moins belle pour autant.

A gauche: les chutes de la Glenmacnass, près de Laragh, Co. Wicklow. Au nord-est, s'élève à 500 mètres la masse du Great Sugar Loaf **(ci-dessous)**, près de la station balnéaire de Greystones. La splendeur de Powerscourt complète la beauté naturelle de la région. Il ne reste que les façades de cette demeure du 18e siècle, détruite par un incendie en 1974. Les jardins paysagers qui l'entourent sont, à juste titre, célèbres.

La superbe côte du comté de Wexford. **Ci-dessus à gauche:** le phare de Hook Head, qui garde l'entrée du port de Waterford, est entouré de falaises calcaires incrustées de corail. **A gauche:** le promontoire spectaculaire près de la ville de Fethard; c'est dans cette région que sont arrivées les premières armées d'invasion anglo-normandes en 1169. **Ci-dessus:** Kilmore Quay, village de bord de mer situé à l'extrémité est de la baie de Ballyteige et bien connu pour la pêche au homard et la pêche hauturière. C'est de ce port que l'on part pour se rendre aux îles Saltee, à quelque six kilomètres de là.

Situé au cœur d'un magnifique
domaine, Johnstown Castle (ci-
dessus), dans le comté de Wexford, est
une demeure néogothique du 19e
siècle, maintenant propriété de l'Etat.
Il abrite un collège agricole. A environ
23 kilomètres à l'ouest de Johnstown,
se trouve le John F. Kennedy Memorial
Park (à droite), non loin des racines
familiales ancestrales des Kennedy à
Dunganstown. Ce très bel arboretum
contient des milliers d'arbres
originaires du monde entier. Page
suivante: Inistioge, pittoresque village
sur les rives de la Nore.

A Ardmore, Co. Waterford, la tour
ronde **(à gauche)** domine les ruines
du site monastique de St. Declan, qui
remonte au 5e siècle. Erigée au 12e
siècle, cette tour de vingt-neuf mètres
de haut est l'une des tours les mieux
conservées d'Irlande. **A droite:** les
Monavullagh Mountains forment une
merveilleuse toile de fond au joli port
de Dungarvan **(page précédente)**.
Plus au nord, la chaîne de Comeragh
(ci-dessous) s'élève à presque
780 mètres.

La ville de Cashel, dans le comté de Tipperary, s'abrite à l'ombre du célèbre Rock of Cashel **(à droite)** qui fut, du 4e au 12e siècle, la place forte des rois de Munster. Après la visite de St. Patrick, qui y prêcha le mystère de la Trinité au 5e siècle, cette ville prit une signification toute particulière et devint propriété de l'Eglise au 12e siècle. La construction la plus ancienne qui ait survécu est la tour ronde de 25 mètres.

Autrefois un important lieu de passage entre les plaines de Tipperary et de Limerick, le Glen of Aherlow (**à gauche**) se cache entre les montagnes de Galtee et les collines de Slievenamuck. Ce fut le site de nombreuses batailles féodales entre les O'Brien et les Fitzpatrick. **Ci-dessous:** point de vue de Portroe sur le Lough Derg, long de 40 kilomètres, jusqu'aux comtés de Clare, Galway et Tipperary. **A droite:** à cheval sur le comté de Tipperary et celui de Wexford, les Knockmealdown Mountains ont des points de vue spectaculaires sur les chaînes de Galtee, Comeragh et Kilworth. **Ci-dessous à droite:** vue sur Moneygall, Co. Offaly, depuis le comté de Tipperary.

Depuis Sullivan's Quay **(ci-dessus)** sur la Lee, on a une vue charmante de la cathédrale St. Finbarr. Dessiné au 19e siècle par William Burgess, ce bâtiment de style gothique français occupe le site du monastère original fondé aux 6e et 7e siècles.
Ci-dessous: la Grand Parade de la ville de Cork, au croisement avec Oliver Plunkett Street, au cœur du centre ville animé de Cork. **A droite:** la vue sur Parnell Place révèle une partie des couleurs et du charme de cette ville accueillante.

49

Les façades bigarrées des pubs et des magasins des villes et villages du comté de Cork reflètent la chaleur de l'accueil que l'on y trouve.

Dromberg Stone Circle (**à gauche**), près de Glandore dans le comté de Cork, est un site archéologique important dont la fonction initiale est l'objet de nombreuses controverses.
Ci-dessous: Blarney Castle, la place forte du 15e siècle qui résista aux attaques des hommes de Cromwell. La célèbre pierre de Blarney (**à droite**) a la réputation d'apporter le don de l'éloquence à tous ceux qui l'embrassent, ce qui n'est pas si facile puisqu'elle fait encore partie des créneaux du château !

THERE IS NO CHARGE FOR
KISSING THE BLARNEY STONE
REMOVE ALL LOOSE VALUABLES
BEFORE DOING SO

53

Le comté de Cork a la chance de
posséder de merveilleux paysages
côtiers. La plage de sable doré de
Barley Cove **(à gauche)**, près de
Crookhaven, contraste avec les
impressionnantes falaises presque
verticales de Mizen Head, non loin de
là **(ci-dessus)**, dont le phare fut
témoin d'innombrables naufrages.

L'image que l'on a traditionnellement de l'Irlande, celle d'un pays champêtre aux collines ondulantes, n'est qu'en partie vraie. Dans le comté de Cork, les majestueuses Caha Mountains (**à gauche**) s'étirent sur toute la longueur de la péninsule de Beara, rejoignant les Slieve Miskish (**ci-dessous et ci-dessous à droite**), dont les doigts rocailleux s'enfoncent dans les froides eaux de l'Atlantique. **A droite:** soleil d'après-midi sur les Shehy Mountains. **Page suivante:** le col de Healy relie les comtés de Cork et du Kerry et offre certaines des plus belles vues d'Irlande.

Situé dans les collines du Kerry au point où la Roughty et la Kenmare se rencontrent, Kenmare **(ci-dessus)** est une pittoresque ville de marché et un site apprécié des pêcheurs à la ligne. La ville fut fondée par Sir William Petty en 1670. Comme Parknasilla **(à droite)** non loin de là, Kenmare est le point de départ idéal des excursions dans l'Anneau du Kerry et dans les sauvages Macgillycuddy's Reeks.

L'Anneau du Kerry, nom donné au circuit de 175 kilomètres de long autour de la péninsule d'Iveragh, possède parmi les plus beaux paysages d'Irlande. L'itinéraire inclut le village de Sneem **(ces deux pages)** qui mérite bien la visite.

Page suivante: l'un des merveilleux lacs de l'Anneau du Kerry.

Derrynane, qui vaut par sa beauté comme par son intérêt historique, a été pendant des siècles la terre des O'Connell, l'une des familles politiques les plus aimées en Irlande. Le port **(à gauche)** et la baie **(ci-dessous)** sont typiques du paysage de cette région et la vue sur Scariff Island **(à droite)** est à couper le souffle. **Page suivante:** Caherdaniel, village qui tient son nom du fort de pierre situé huit cents mètres plus à l'ouest.

Le spectaculaire Gap of Dunlow (**à gauche**) sépare les montagnes Tommies et Purple des Macgillycuddy's Reeks. Les Reeks, qui possèdent certains des pics les plus élevés d'Irlande (dont plusieurs dépassent 1000 mètres), abritent de superbes lacs. Lough Acoose (**à droite**) et Lough Leane (**ci-dessous**), près de Killarney, en sont deux exemples. **Page suivante:** Carrantuohill, qui s'élève à 1025 mètres, est le plus haut pic des Macgillycuddy's Reeks.

Riche de son histoire et de ses fabuleux paysages, la péninsule de Dingle est assez petite pour que l'on puisse en faire le tour en une journée, mais offre des sites qui méritent que l'on s'y attarde. **A droite:** le promontoire spectaculaire à Doon Point. **A gauche:** Connor Pass. **Ci-dessous:** les ruines préhistoriques du fort de pierre circulaire de Cahernamactirea, non loin de la très belle plage de Coumeenoole **(ci-dessous à droite).**

Le paysage harmonieux de la vallée de la Corra **(ci-dessus)**, dans le comté de Clare, et Cortaheera non loin de là **(à droite et ci-dessus à droite)**. **Page suivante:** Ennistymon, sur la Cullenagh, réputée pour la pêche.

S'élevant à 210 mètres, les falaises de Moher, telles des bastions, semblent surgir des vagues moutonnantes de l'Atlantique. Elles s'étendent sur quelque huit kilomètres et sont couronnées, à leur extrémité nord-est, par O'Brien's Tower, construite en 1835 pour permettre aux voyageurs de profiter de la vue en toute sécurité.

Terrasses de calcaire abritant une flore
alpestre rare, trous, cavernes
souterraines et ruisseaux qui
disparaissent sous terre sont typiques
des 125 kilomètres carrés du Burren.
On y trouve également des traces
laissées par les hommes
préhistoriques, sous forme de
nombreux forts de pierre et dolmens.

Située à l'extrémité de la baie de
Kinvara, petite crique à l'intérieur de
la baie plus large de Galway, la ville
de Kinvara a prospéré au 19e siècle
grâce à l'exportation de céréales
locales mais a depuis perdu plus de la
moitié de sa population. De nos jours,
ce village tranquille tire presque
toutes ses ressources de la mer.

A gauche: Les Twelve Bens, vus depuis les eaux tranquilles de Bertraghboy Bay, près de Roundstone. **A droite:** coucher de soleil sur Clifden Bay et (**ci-dessous**) Slyne Head, à l'extrémité ouest de la péninsule de Ballyconneelly.

La beauté tourmentée et sauvage du Connemara **(ci-dessus)** est
présente partout, mais tout particulièrement le long de la côte. La
vue par-delà Clifen Bay **(ci-dessus à gauche)** révèle la beauté
austère des Twelve Bens. A l'ouest de Clifden Bay s'étale
Kingstown Bay **(à gauche et page suivante)**.

Construite au 19e siècle par un riche
marchand de Liverpool, Kylemore
Abbey se dresse sur la rive nord de
Pollacappul Lough. Demeure grandiose
à l'origine, ce bâtiment abrite de nos
jours un pensionnat et un couvent
tenus par des Sœurs Bénédictines. On
accède à l'abbaye par le Pass of
Kylemore, sans doute le plus beau site
du Connemara.

Leenane **(à gauche)**, dans le comté de Galway, occupe l'angle sud-est de du port de Killary. Ce port, tel un fjord **(ci-dessous et droite)** est la partie immergée de la vallée de l'Erriff et fut autrefois une base navale britannique. Leenane est une station balnéaire et un site de pêche apprécié. C'est le point de départ idéal pour ceux qui ont envie d'explorer les montagnes environnantes et le reste du Connemara.

Ashford Castle **(à gauche et ci-dessous à gauche)**, dans le comté de Mayo, qui fut autrefois la demeure de la famille Guinness, est maintenant un hôtel. Construit par H.H. Fuller en 1870 autour d'une demeure et d'une tour plus anciennes, le château se trouve à un peu plus d'un kilomètre au nord du village de Cong. L'abbaye de Cong **(à droite et ci-dessous à droite)** fut fondée par le roi Turloch Mór O'Connor au 12e siècle. Son fils Rory, le dernier roi d'Irlande, se retira au monastère en 1183 et y mourut en 1198. Les délicates sculptures gothiques qui ornent les portes **(ci-dessous à droite)** sont un bel exemple des techniques de taille de la pierre en Irlande au Moyen Age. Les seuls vestiges du cloître original **(ci-dessous à droite)** sont le premier cintre et ses colonnes accouplées. **Ci-dessous:** le paysage du comté de Mayo, tranquille et verdoyant.

Croagh Patrick **(ces deux pages)**, dans le comté de Mayo, tient une place spéciale dans le cœur des Irlandais. C'est sur cette montagne que leur saint patron est censé avoir passé quarante jours dans la prière et le jeûne. Sa statue **(ci-dessus)** se tient au pied de la montagne, surplombant Clew Bay. **Page suivante:** le coucher de soleil met en relief la masse du Nephin, qui s'élève à 795 mètres de l'autre côté des eaux froids de Lough Conn.

Le redoutable Benbulben, l'imposant massif plat des Dartry Mountains du comté de Sligo, domine le paysage environnant. L'extrémité ouest, découpée, plonge de quelque 500 mètres dans les plaines côtières au-dessous.

A gauche: Carrick-on-Shannon, ville principale du comté de Leitrim. Située sur les rives de la Shannon, la ville est célèbre pour sa pêche. **Ci-dessous:** le superbe Glencar Lough, dont les eaux appartiennent à la fois au comté de Sligo et à celui de Leitrim.
Page suivante: l'église de Drumcliff, lorsqu'on regarde vers Glencar Lough.

Lough Swilly **(à gauche et page suivante),** dans le comté du Donegal, s'étend sur plus de 38 kilomètres entre la péninsule d'Inishowen et celle, plus étroite, de Fanad à l'ouest. Le paysage environnant **(à droite et ci-dessous à droite)** est caractéristique du Donegal et juxtapose plages de sable et anses rocailleuses. **Ci-dessous:** les environs de Grianan of Aileach, ancien siège des rois de l'Ulster, qui fut habité de l'âge de pierre au 12e siècle. **Dernière page:** merveilleux coucher de soleil sur Trawbreaga Bay, sur la péninsule de Inishowen.